Heidi
et Claire au chalet

Texte et illustrations :
Marie-José Maury

Glénat jeunesse

Texte et illustrations : Marie-José Maury

Couvent Sainte-Cécile, 37 rue Servan, 38000 Grenoble Cedex, France.
Loi 49956 du 16 juillet 1949 sur les publications destinées à la jeunesse.

Dépôt légal : février 2016
ISBN : 978-2-344-01457-8 / 001
Achevé d'imprimer en France en janvier 2016 par Pollina - L75129,
sur papier provenant de forêts gérées de manière durable.

PEFC 10-31-2065 / Certifié PEFC / pefc-france.org

Le printemps est revenu ! La neige a presque totalement fondu et les fleurs s'ouvrent dans l'herbe reverdie. Fini l'hiver gris et la vie morne à la ville.

Heidi a regagné son chalet des Alpes et retrouvé son grand-père ! Elle est au comble de la joie. La petite fille court de-ci et de-là, à la recherche des primevères et des pensées sauvages. La montagne resplendit !

Tac-tac-tac ! Tandis que la fillette gambade dans la prairie, son grand-père manie la scie et le marteau sur son établi. Il fabrique de nouvelles chaises car Heidi et lui attendent des invitées...

Ce matin, Petit-Pierre le berger a apporté une lettre de la ville : Claire, la jeune infirme avec qui Heidi a passé l'hiver, annonce sa venue pour bientôt. Le Docteur Reroux lui a permis d'entreprendre le long voyage qui lui fera rejoindre son amie.

Heidi est folle de joie à l'idée de revoir celle qu'elle considère comme sa sœur depuis qu'elle a partagé son quotidien à Francfort, tout l'hiver.

Petit-Pierre, en revanche, ne semble guère enchanté de cette visite. Il ne tient pas à partager l'amitié d'Heidi avec une inconnue. Et puis... qui sait si cette Claire ne profitera pas de sa venue pour convaincre Heidi de retourner à Francfort avec elle ?

À cette idée, le petit berger fait claquer son fouet avec mauvaise humeur. Ses chèvres, effrayées, s'enfuient vers l'alpage ; il doit courir derrière elles pour les rassembler !

Avril passe, et voici le mois de mai avec son soleil neuf qui fait s'épanouir les gentianes. Le jour tant attendu par Heidi est arrivé ! Par la fenêtre, ce matin, elle aperçoit une étrange caravane en train de gravir le sentier qui mène au chalet.

Deux hommes encadrent une chaise à porteur dans laquelle est installée une jeune fille vêtue de bleu. Vient ensuite un villageois qui plie sous le poids de sa hotte garnie de paquets. Il est suivi d'un autre personnage qui pousse une chaise roulante. Précédant la petite troupe, un cheval trottine, monté par une dame élégante...

– Les voilà ! s'écrie Heidi en s'élançant au devant du cortège.

La dame élégante n'est autre que madame Gérard, la grand-mère de Claire. Heidi l'aime beaucoup car c'est elle qui lui a appris à lire durant l'hiver ! La vieille dame embrasse affectueusement la petite montagnarde aux joues vermeilles.

Puis Heidi se jette au cou de son amie :

- Comme je suis contente de te retrouver !

Grand-père, lui aussi, est venu accueillir les nouveaux arrivants.

- Vous habitez le paradis ! le félicite madame Gérard. Quel air pur ! Pas étonnant que votre Heidi soit un vrai bouton rose. N'est-ce pas, Claire ? La jeune paralysée acquiesce, ravie. Elle répète comme dans un rêve, en jetant des regards émerveillés autour d'elle :

- C'est magnifique... magnifique !

Pendant ce temps, Grand-père s'est emparé de la chaise roulante :
– Il vaut mieux pour cette enfant qu'elle retrouve son fauteuil...
Et, tout en parlant, il prend délicatement Claire entre ses bras et l'installe dans sa chaise.
– Vous avez l'air de bien savoir vous occuper des malades ! remarque madame Gérard.

Grand-père fait semblant de ne pas avoir entendu le compliment... De toute façon, c'est une histoire bien trop ancienne pour qu'il la raconte : lui seul se souvient de son capitaine à l'armée, qui avait été grièvement blessé un soir de bataille. Il l'avait secouru et soigné durant des mois... Peut-être pourra-t-il maintenant à nouveau être utile à cette petite fille qui ne demande qu'à vivre et à s'épanouir ?

Le vieil homme pousse la chaise roulante à l'ombre des sapins. Claire a les larmes aux yeux devant la beauté du paysage. Des envies nouvelles la titillent : comme ce serait amusant d'aller cueillir un bouquet ! De partir voir les chèvres qui paissent, là-haut, sur l'alpage ! Ah si seulement elle pouvait... marcher !

Devinant son trouble, Heidi se hâte de déposer une brassée de fleurs éclatantes sur les genoux de son amie. Grand-père a sorti la table et les chaises devant le chalet.

À présent, il grille de larges tranches de fromage au-dessus d'un feu de bois, qui répandent une délicieuse odeur alentour...

Tout le monde se met à table, l'appétit aiguisé par le grand air.

- Que vois-je ? s'étonne soudain madame Gérard en fixant sa petite fille. Tu en es à ton troisième morceau de fromage ?! Toi qui picore d'habitude comme un moineau...

- C'est tellement bon ! s'extasie Claire en continuant à se régaler.

Mais l'heure de repartir approche déjà. Soudain, le grand-père d'Heidi prend la parole :

- Pourquoi Claire ne resterait-elle pas avec nous quelque temps ? L'air de la montagne ne peut que lui faire du bien ! Ma petite fille et moi la soignerons de notre mieux, je vous l'assure.

Madame Gérard réfléchit, puis répond :

- C'est une bonne idée, que j'accepte de tout cœur. Merci pour votre bonté.

Madame Gérard est donc repartie vers la vallée. Elle reviendra chercher sa petite-fille à la fin de l'été. Quelle joie ! Claire a fait son nid dans le grenier, auprès d'Heidi :

– Le foin sent si bon ! Il parfume mes rêves ! dit-elle le matin, en se réveillant.

Elle connaît maintenant le nom de toutes les fleurs de la montagne et celles de toutes les chèvres de Petit-Pierre. Ces dernières l'ont adoptée ; à leur retour d'alpage, chaque soir, les biquettes se pressent autour de la jeune infirme. Claire leur donne le gros sel dont elles sont si friandes : se faire lécher les doigts, ça chatouille !

Seul Pierre ne se laisse pas attendrir. Il ne se montre guère aimable avec « l'invitée ». Il grommelle entre ses dents des mots incompréhensibles et reproche souvent à Heidi de ne plus l'accompagner à l'alpage...

Les jours passent, partagés entre travaux journaliers et balades dans la montagne. Sur certains chemins escarpés, la chaise roulante ne peut pas passer. Grand-père porte alors la petite infirme dans ses bras. Désormais, pour consoler Petit-Pierre, elle accompagne même Heidi, à l'alpage, de temps en temps, afin de tenir compagnie au berger. Mais le garçon fait toujours la tête...

– Pfiou ! Tu n'es pas beau quand tu boudes ! l'asticote Heidi.

Pour s'occuper, Claire et elle tressent des colliers de fleurs qu'elles passent au cou des chèvres.

Un soir que les fillettes rentrent au chalet, elles aperçoivent une charrette arrêtée dans la cour :

– Je devine ! s'écrie Claire, en battant des mains. C'est Grand-mère qui nous envoie des lits !

Ce sont en effet deux beaux lits, avec couvertures et oreillers douillets.

Installés au grenier, ils ont tôt fait de transformer le fenil en une chambre confortable.

Grand-père, quant à lui, prend son rôle de garde-malade très au sérieux. De ses randonnées dans les alpages, il ramène des bottes d'herbes médicinales. Il en fait bouillir ou tremper pour préparer des tisanes pour la jeune malade. Tous les jours, il demande aussi à Claire d'essayer de se tenir debout, juste un instant. La petite infirme accepte.

– AÏÏÏE !!!!

Mais à peine s'est-elle dressée sur ses pauvres jambes qu'elle retombe sur son fauteuil en poussant un cri de douleur.

Cependant, chaque jour, Claire renouvelle son effort. Elle serre les dents quand cela fait trop mal, mais elle reste debout un peu plus longtemps chaque fois. L'été est extraordinairement chaud et lumineux. On croirait que la nature veut aussi aider la petite fille à retrouver l'usage de ses jambes. Elle lui offre ses plus belles fleurs, ses herbes les plus magiques...

Ce matin, alors que le brouillard s'accroche encore aux rochers, Grand-père a sorti le fauteuil roulant de Claire devant le chalet. Puis, il est rentré pour réveiller les fillettes...

C'est à ce moment que Pierre arrive avec ses chèvres. Il est encore plus grincheux que d'habitude. Heidi ne lui parle plus guère. Elle est trop occupée par cette demoiselle de la ville qui reste toujours clouée sur sa maudite chaise... tiens, justement, la voici !

Le berger sent soudain une idée diabolique naître sous sa caboche. Il jette un œil du côté du chalet : personne ! Alors, vite, il attrape la chaise, la fait pivoter... et la précipite sur le sentier en pente. Puis, il court se cacher sous un buisson. La chaise dévale le chemin à toute allure. Au premier virage, elle plonge dans le vide et rebondit de rocher en rocher, en volant en éclats !

Dans sa cachette, Pierre ne peut s'empêcher de sourire. Privée de son indispensable chaise, son ennemie ne tardera pas à rentrer à Francfort. Bon débarras !

Peu après, Heidi sort du chalet et découvre la catastrophe :
- Quel malheur ! se lamente-t-elle. Le vent a poussé ta chaise, Claire. Elle est tombée dans le ravin, elle est toute cassée !

Assise dans la cuisine, Claire est effondrée. De grosses larmes roulent sur ses joues. Sans son fauteuil, elle ne pourra rester auprès de son amie.
- Quelle malchance ! Il va falloir que je reparte...
- Ne pleure pas, mon enfant, la console alors Grand-père. Pour l'instant, tu restes ici. Je peux te porter... et aujourd'hui nous irons à l'alpage comme d'habitude !

En arrivant sur le pré, le vieil homme aperçoit Pierre qui fait semblant de dormir. Ses chèvres broutent paisiblement autour de lui.

- Tu n'es pas passé au chalet ce matin ? s'enquiert Grand-père.

- Oui mais personne n'était levé, grommelle le garçon, mal à l'aise.

- Sais-tu ce qui est arrivé à la chaise ? interroge alors le vieil homme, qui se méfie.

- Quelle chaise ? répond Pierre, avec effronterie.

Grand-père n'ajoute rien. Il redescend au chalet, laissant aux enfants le panier qui contient leur déjeuner. Il reviendra les chercher ce soir…

La journée s'écoule un peu triste quand, soudain, derrière un rocher, Heidi découvre un tapis de cyclamens sauvages. Les fleurs forment une immense tache de couleur mauve !

- Claire ! Viens voir, c'est magnifique ! s'extasie la fillette. Je vais te porter ! Pierre, viens m'aider s'il te plaît !

Le garçon obéit d'un air maussade. Avec Heidi, il soulève Claire et réussit à la mettre debout. Mais ensuite, comment faire ? La jeune infirme fait un effort terrible. Elle sait que les deux enfants n'auront pas la force de la porter. Elle avance une jambe. C'est curieux, la douleur est moins forte qu'elle ne le craignait... Alors, elle fait un pas, un autre encore et, d'un seul coup, la joie explose dans son cœur :

– Heidi, je marche ! Mon Dieu... JE MARCHE !

Le soir, lorsque Grand-père est de retour, Heidi se précipite à sa rencontre :

– Claire est guérie ! Viens voir ! Elle a marché !

Sa joie bouleverse le vieil homme. Ému, il s'approche de la petite malade, qui ne l'est plus vraiment, et lui dit :

– Bravo, petite Claire ! Tu as été très courageuse. Nous allons tout de suite écrire à Francfort pour leur annoncer la bonne nouvelle !

En regagnant le chalet ce soir-là, Heidi est aux anges : c'est le bon air de la montagne et les soins de son grand-père qui ont guéri son amie. Alors cela veut dire que peut-être... elle pourra rester vivre avec elle ? Toutes les deux ensemble, comme des vraies sœurs !